The Canadian Museum of Civilization

Le Musée canadien des civilisations

© 1994 Canadian Museum of Civilization

Published by the
Canadian Museum of Civilization
Hull, Quebec
J8X 4H2

Canadian Cataloguing in Publication Data

Main entry under title:

The Canadian Museum of Civilization:
photographs by Malak

Le Musée canadien des civilisations :
photographies par Malak

Rev. ed.
Text by George F. MacDonald and Stephen Alsford.
Text in English and French.

ISBN 0-660-14031-4
Cat. no. NM98-3/66-1994

1. Canadian Museum of Civilization — Pictorial works.
2. Museums — Canada — Pictorial works.
3. Museum buildings — Canada — Pictorial works.
I. Malak.
II. MacDonald, George F.
III. Alsford, Stephen 1952–
IV. Canadian Museum of Civilization.
V. Title: Le Musée canadien des civilisations,
   photographies par Malak

AM101.H94C36 1994   069'.0971   C94-980357-XE

Design and Printing Coordination
Deborah Brownrigg

Photography
Malak

Printed and bound in Canada

© 1994 Musée canadien des civilisations

Publié par le
Musée canadien des civilisations
Hull (Québec)
J8X 4H2

Données de catalogage avant publication (Canada)

Vedette principale au titre :

The Canadian Museum of Civilization:
photographs by Malak

Le Musée canadien des civilisations :
photographies par Malak

Éd. rév.
Texte par George F. MacDonald et Stephen Alsford.
Texte en français et en anglais.

ISBN 0-660-90297-4
N° de cat. NM98-3/66-1994

1. Musée canadien des civilisations — Ouvrages illustrés.
2. Musées — Canada — Ouvrages illustrés.
3. Musées (Édifices) — Canada — Ouvrages illustrés.
I. Malak.
II. MacDonald, George F.
III. Alsford, Stephen, 1952–
IV. Musée canadien des civilisations.
V. Titre : Le Musée canadien des civilisations,
   photographies par Malak

AM101.H94C36 1994   069'.0971   C94-980357-XF

Conception graphique et coordination de l'impression
Deborah Brownrigg

Photographie
Malak

Imprimé et relié au Canada

The Canadian Museum of Civilization

Photographs by

Malak

**Text by George F. MacDonald
and Stephen Alsford**

Canadian Museum of Civilization

Le Musée canadien des civilisations

Photographies par

Malak

**Texte par George F. MacDonald
et Stephen Alsford**

Musée canadien des civilisations

Foreword

Avant-propos

As part of the celebration of the fifth anniversary of the opening of the Canadian Museum of Civilization (1989), we are pleased to present a revised edition of the book of photographs of the Museum by Malak, originally published in 1990.

Still young, yet already much acclaimed, this Museum has undergone substantial changes during its first five years. Although the timeless architecture of Douglas Cardinal is unaltered, interior spaces have gradually been transformed as new exhibits have been added to the permanent galleries, and as a succession of fascinating displays has been mounted in the temporary exhibition halls. The new photographs introduced in this edition reflect both types of changes.

Over these five years, renowned architectural and landscape photographer Malak has been a frequent visitor, documenting the many changes through his chosen art form. Through publications and exhibitions (including one presented at this Museum), Malak's vivid images of Canadian scenes and settings have done much to define this country visually. This Museum has been fortunate to have captured and held the interest of one of Canada's most influential photographers, and it looks forward to the continuation of this relationship far into the future.

Peter A. Herrndorf
Chairman
Board of Trustees

Il nous fait grand plaisir, à l'occasion du cinquième anniversaire de l'ouverture du Musée canadien des civilisations (1989), de publier cette édition révisée du recueil de photographies du Musée prises par Malak, paru à l'origine en 1990.

En cinq années, le Musée a su se tailler une réputation fort enviable. Il s'y est aussi produit d'importants changements. Quoique l'architecture sans âge de Douglas Cardinal demeure inchangée, les espaces intérieurs se sont peu à peu transformés, à mesure que de nouvelles expositions permanentes ont été montées et que de fascinantes expositions se sont succédé dans les salles d'expositions temporaires. Les photographies ajoutées à cette édition rendent compte de ces changements.

En cinq ans, Malak, le célèbre photographe d'architecture et de paysage, s'est souvent rendu au Musée pour capturer sur la pellicule les nombreux changements qui y survenaient. Par le biais de publications et d'expositions (dont une présentée au Musée), les images frappantes de scènes et de paysages canadiens que Malak a saisies ont grandement contribué à définir l'identité visuelle du pays. Le Musée canadien des civilisations a eu la chance d'attirer et de retenir l'intérêt de l'un des plus éminents photographes du Canada, et il espère grandement poursuivre cette relation encore longtemps.

Peter A. Herrndorf
Président du Conseil d'administration

Introduction   *Introduction*

The Canadian Museum of Civilization is a bridge between the past, the present and the future. Its extensive collections of artifacts from historical and prehistoric times testify to the Museum's interest in the cultural heritage of the many peoples who make up Canadian society. These collections include everything from priceless national treasures to everyday objects, from huge totem poles to tiny fishhooks; all are invaluable sources of information in the study of history, archaeology, ethnology, and folk arts and traditions. The Museum is itself a part of Canadian history, its roots stretching back to 1842, when the Geological Survey of Canada was founded to study and document the country's resources. Out of the Geological Survey emerged the National Museums of Canada, whose components recently devolved into separate crown corporations, of which this museum is one.

The purpose of studying the past is to seek, and communicate, a fuller understanding of the forces that have shaped what we are today. The knowledge obtainable from museums can help people direct more wisely the course of their individual and common destinies. A national museum of human history can play an important part in defining our collective cultural identity. It does this not only through preserving and interpreting the material evidence of the past, but also by providing a showcase for contemporary cultural expressions. In this way the Canadian Museum of Civilization hopes to

Le Musée canadien des civilisations sert à relier le passé, le présent et l'avenir. Ses vastes collections d'objets historiques et préhistoriques témoignent de l'intérêt du Musée pour le patrimoine culturel des nombreux peuples qui composent la société canadienne. On trouve de tout dans ces collections, des trésors nationaux inestimables comme des objets usuels, de gigantesques mâts totémiques comme de minuscules hameçons; tous constituent de précieuses sources d'information pour l'étude de l'histoire, de l'archéologie et de l'ethnologie ainsi que des arts et des traditions populaires. Les origines du Musée remontent à 1842, année où la Commission géologique du Canada fut créée pour étudier et documenter les ressources du pays. La Commission géologique donna naissance aux Musées nationaux du Canada, dont les divers constituants ont récemment été démembrés en différentes sociétés d'État, dont l'une est le Musée.

L'étude du passé a pour but d'acquérir et de transmettre une meilleure compréhension des influences qui nous ont façonnés. Les connaissances transmises par les musées peuvent nous aider à orienter plus judicieusement le cours de notre vie. Un musée national de l'homme joue un rôle important dans la synthèse de notre identité culturelle collective, non seulement en sauvegardant et en interprétant les vestiges du passé, mais en offrant une vitrine de l'expression culturelle contemporaine. C'est ainsi que le Musée canadien des civilisations espère être

be a "cultural dynamo", actively influencing the development of a better society.

This vision of the museum as providing a link between past, present and future is expressed in the new building itself. In 1982 the Government of Canada announced the construction of the new museum, and held an architectural competition that was won by Douglas Cardinal. In his design concept statement, Cardinal described the evolution of the primeval Canadian landscape, the migrations of humans into the continent, the building of a civilization out of a meeting-place of cultures, and the constant striving toward personal and communal betterment. This vision he embodied in architectural forms that symbolize the Canadian landscape at the end of the Ice Age, the period when humans first entered North America. Cardinal himself is a descendant of those first inhabitants of this continent, and his sensitivity to the site and its historical significance reflects his mixed ancestry.

The vision is again echoed in the site—now known as Laurier Park—chosen for the Museum. It lies on one bank of the Ottawa River, for thousands of years a "highway" through the country. Archaeological evidence from the site and its vicinity, together with the special character of the area (at the junction of major waterways and near two large waterfalls) suggest it may have been a place of at least temporary settlement by the nomadic Indians and a hub of commercial activity. With the arrival of Europeans, the Ottawa River became part of the cross-country route for explorers, fur traders, missionaries and, later, settlers. Laurier Park was part of the first settlement by Europeans in the region, and its later development makes it an industrial site of national importance. The site now also has symbolic significance because of its relationship to Parliament Hill.

une « force culturelle », qui contribue activement à l'édification d'une société meilleure.

Cette vision du musée, lien entre le passé, le présent et l'avenir, se retrouve dans le nouvel édifice. En 1982, le gouvernement du Canada annonça la construction du nouveau musée et organisa un concours d'architecture, remporté par Douglas Cardinal. Dans son énoncé du concept architectural, Cardinal décrivit l'évolution du paysage canadien primitif, les mouvements migratoires sur le continent, l'évolution d'une société née de la rencontre de plusieurs cultures et la quête constante de l'accomplissement personnel et collectif. C'est cette vision qu'il concrétisa dans des formes architecturales qui symbolisent le paysage canadien à la fin de la période glaciaire, quand les premiers hommes sont arrivés en Amérique du Nord. Cardinal est lui-même un descendant de ces premiers habitants du continent, et l'importance qu'il accorde à l'emplacement et à l'intérêt historique de celui-ci reflète sa double ascendance.

Cette vision se retrouve aussi dans l'emplacement choisi pour le Musée, le parc Laurier, sis au bord de l'Outaouais, l'une des principales voies d'accès du pays pendant des milliers d'années. Les documents archéologiques trouvés sur les lieux et dans les environs, de même que le caractère particulier de la région (à la jonction d'importantes voies navigables et près de deux grandes chutes d'eau) donnent à penser que l'endroit a dû au moins servir de campement temporaire aux Amérindiens nomades et être un centre d'activité commerciale. Avec l'arrivée des Européens, l'Outaouais devint un tronçon de la route empruntée par les explorateurs, les marchands de fourrures et les missionnaires, puis les colons. Le parc Laurier faisait également partie du premier établissement créé par les Européens dans la région, et

While Cardinal's architecture harmonizes with natural forms and recalls the geological past, it has also been described as humanistic and futuristic, owing little to mainstream architectural schools. His unique style has produced a warm and sympathetic design that evokes a strong emotional response from visitors. By reaching deep into the human psyche and by adopting the forms of nature, Cardinal has created a timeless building: it will surely be as breathtaking a hundred years from now as it is today. Stunningly innovative, the building has attracted attention worldwide and gained recognition as an architectural masterpiece of our time.

The architect's achievement has challenged Museum staff to design exhibitions, programmes and services of the highest quality. The result has been a museum that, while upholding high standards of accuracy in content, has sought to innovate, to experiment, to create an experience different in some respects from those in more traditional types of museums. In presenting exhibitions and programmes designed to be both educational and enjoyable, the aim has been not only to cultivate wider audiences, but to keep pace with people's changing expectations of learning and leisure-time experiences.

A major museum such as the Canadian Museum of Civilization must be planned to serve not only today's society, but also tomorrow's, insofar as we can predict the future. Therefore, the architectural shell (which reminds us of our beginnings) contains a complex web of fibre-optic cables, all linked to a high-tech network centre, thus enabling information of all types to be channelled from museum data banks to knowledge seekers both inside and outside the museum. This "intelligent network" will help the Museum to achieve its goal of providing much

son développement ultérieur en fait un site industriel d'une importance nationale. L'endroit revêt aussi une valeur symbolique en raison de sa situation par rapport à la Colline du Parlement.

Bien que l'architecture de Cardinal s'harmonise avec les formes naturelles et rappelle le passé géologique, elle a aussi été qualifiée d'humaniste et de futuriste, s'inspirant très peu des grands courants de l'architecture. Son style unique a donné naissance à un design chaleureux qui ne peut laisser le visiteur indifférent. En puisant aux sources mêmes de la psyché humaine et en adoptant les formes de la nature, Cardinal a créé un édifice qui traversera les âges : nul doute que, dans cent ans, il sera aussi impressionnant qu'il l'est aujourd'hui. Cet édifice a retenu l'attention partout dans le monde et s'impose comme un chef-d'œuvre de l'architecture contemporaine.

Face à une telle réussite, le personnel du Musée a été mis au défi de concevoir des expositions, des programmes et des services de première qualité. Il en est résulté un musée qui, tout en accordant une très grande importance à l'exactitude du contenu, cherche à innover, à expérimenter, à créer une expérience différente, à certains égards, de celle d'autres musées plus traditionnels. En s'efforçant de présenter des expositions et des programmes à la fois instructifs et agréables, le Musée vise non seulement à toucher un public plus nombreux, mais aussi à répondre aux attentes d'un public de plus en plus averti en ce qui a trait aux activités et aux expériences d'apprentissage.

Un musée aussi important que le Musée canadien des civilisations doit être conçu de façon à pouvoir servir non seulement la société d'aujourd'hui, mais également celle de demain, pour autant que nous

greater access to its accumulated knowledge about our cultural heritage.

Another of the Museum's major goals is to provide learning experiences that create a lasting impression as well as stimulate a desire to return to learn more. While the Museum offers a range of exhibition types, to suit different tastes, the emphasis has been on dramatic reconstructions of historical or cultural environments: notably the Pacific Coast Indian village in the Grand Hall and the streetscapes in the History Hall. Of all the Museum's exhibitions, these two have proved to be visitors' favourites. Such environmental settings show the role or function of each object by displaying it in its wider context. At the same time, they provide a backdrop for the dramatizations and other live interpretive programmes that are important elements of the new museum approach. Live interpretation as well as interactive exhibits and video terminals all increase the ability of visitors to pose questions and to participate more fully in their museum experience.

Similar exhibition and programming principles are followed in the popular Children's Museum, which occupies a sizeable part of the building. It is designed to meet the needs and interests, and to match the learning styles, of youngsters: a place to experience, share and create. There and elsewhere in the museum, a lively programme of changing exhibitions is also presented; twenty-seven temporary exhibitions were mounted during the opening year alone. Moreover, the theatres and other public spaces, both inside and out, provide the setting for varied programmes of films and live performances. This range and flexibility of programming enables the Museum to make accessible more of its collections and other cultural resources over time, as well as those from other institutions around the world.

puissions prédire l'avenir. Par conséquent, l'enveloppe architecturale (qui nous rappelle nos origines) renferme un réseau complexe de câbles à fibres optiques, tous reliés à un centre réseau de pointe, ce qui permet d'acheminer toutes sortes d'informations des banques de données muséales aux intéressés, aussi bien au Musée même qu'à l'extérieur. Ce « réseau intelligent » aidera le Musée à atteindre son objectif, qui est de rendre beaucoup plus accessible l'ensemble des connaissances qu'il a accumulées au sujet de notre patrimoine culturel.

Un des autres principaux objectifs du Musée est d'offrir des expériences d'apprentissage qui produisent une impression durable et qui donnent aux visiteurs le goût de revenir au Musée pour en apprendre davantage. Tout en proposant différents styles d'exposition, le Musée fait fond sur des reconstitutions spectaculaires de milieux historiques et culturels : en particulier, le village amérindien de la côte du Pacifique dans la Grande Galerie et les paysages urbains de la Salle d'histoire, qui ont sans conteste la faveur du public. Ces reconstitutions permettent de montrer le rôle ou la fonction de chaque objet en le présentant dans un contexte global. Elles servent en même temps de toile de fond aux dramatiques et aux autres programmes d'animation qui constituent des éléments importants de la nouvelle vision du Musée. L'animation, les expositions interactives et les terminaux vidéo interactifs permetttent aux visiteurs de se renseigner davantage et de participer plus pleinement à l'expérience muséale.

Des principes semblables sont appliqués aux expositions et aux programmes du Musée des enfants, qui est très populaire et qui occupe une partie assez importante de l'édifice. Le MDE est conçu de façon à répondre aux besoins et aux intérêts des jeunes et

Because Canada is a multicultural society, the Canadian Museum of Civilization feels that it has a mandate to look at the civilizations of origin of Canadian immigrants. We live in a rapidly changing world; part of that change is our growing awareness of the common roots, common characteristics, and common concerns of all peoples. Canadian media philosopher Marshall McLuhan spoke of the emergence of the "global village". At the Canadian Museum of Civilization, it is our mission not only to assist in defining the Canadian cultural identity, but also, through our programmes, to encourage intercultural conversation in order to bring about better understanding between the peoples of the world.

George F. MacDonald, Director
and Stephen Alsford

à respecter leurs modes d'apprentissage : c'est un endroit pour créer, partager et expérimenter. Un dynamique programme d'expositions temporaires y est offert, comme dans le reste du Musée des civilisations; vingt-sept expositions temporaires ont été montées au cours de la première année seulement. De plus, les théâtres et les autres aires publiques, à l'intérieur comme à l'extérieur, permettent de présenter divers films et spectacles. Cette diversité et cette souplesse sur le plan de la programmation permettent au Musée de rendre accessibles, avec le temps, une plus grande partie de ses collections et diverses ressources culturelles, de même que celles d'autres établissements partout dans le monde.

Le Canada étant une société multiculturelle, le Musée canadien des civilisations estime avoir pour mandat l'étude des civilisations d'origine des immigrants canadiens. Le monde dans lequel nous vivons change rapidement; nous sommes de plus en plus conscients des origines, des caractéristiques et des préoccupations que nous avons en commun. Théoricien des médias, le Canadien Marshall McLuhan parlait de l'avènement du « village global ». Au Musée canadien des civilisations, nous avons non seulement pour mission de contribuer à définir l'identité culturelle du Canada, mais d'encourager également, par nos programmes, le dialogue en vue de créer une meilleure entente entre les différents peuples de la Terre.

George F. MacDonald, directeur
et Stephen Alsford

Architecture

From the ocean emerged land and the spines of mountain ranges to form the backbone of our continent. In time the sun, wind, and water moulded the jagged rock forms into the smooth, curved, sinuous forms of the foothills and plains. The action of these elements eroded the jagged rock forms and created sand and soil from which emerged flora and fauna.

The glaciers came, again changing the character of the continent. They eroded the rocks, moving large masses, cutting deeply and sculpting the rock forms into new patterns as they advanced, then receded and melted. Water poured out of them and down the rivers to the ocean, again causing sinuous grooves in the landscape and creating new ice columns. The receding of the ice age created new life. It was a time of celebration.

Douglas Cardinal

Douglas Cardinal, design architect of the new museum.

Architecture

Ont émergé de l'océan la terre et les crêtes des montagnes qui forment l'ossature de notre continent. Le soleil, le vent et l'eau ont modelé les formations rocheuses irrégulières en des contreforts et en des plaines aux formes douces et sinueuses. L'érosion provoquée par ces éléments a donné le sable et la terre indispensables à la flore et à la faune.

Les glaciers sont venus, changeant à nouveau le visage du continent. Ils ont érodé les rochers, déplaçant de grandes masses, entaillant profondément les formations rocheuses et sculptant de nouvelles formes; puis, ils se sont retirés et ont fondu. Les eaux de fonte se sont déversées dans les fleuves jusqu'à l'océan, creusant encore des rainures sinueuses dans le paysage et créant des piliers de glace. Avec le retrait des glaces, une vie nouvelle est apparue et s'est imposée avec exubérance.

Douglas Cardinal

Douglas Cardinal, architecte designer du nouveau musée.

The two wings of the building embrace the semi-circular entrance plaza. Curatorial facilities are in the Canadian Shield Wing (*left*), while the Glacier Wing (*right*) contains exhibition galleries, theatres and other public spaces.

Les deux pavillons du Musée embrassent l'esplanade semi-circulaire. Les installations de conservation se trouvent dans le Pavillon du Bouclier canadien (*à gauche*), tandis que le Pavillon du Glacier *(à droite)* abrite les salles d'exposition, le théâtre, le cinéma et les autres espaces publics.

Seasonal changes enhance the beauty of the architecture: on a frosty winter night, Christmas lights on the trees in Laurier Park . . .

Les éléments saisonniers mettent l'architecture en valeur : des lumières de Noël dans les arbres du parc Laurier par une nuit glaciale d'hiver . . .

And on a warm summer day, a cooling fountain outside the main entrance.

Et une fontaine jaillissante, près de l'entrée principale, par une chaude journée d'été.

The copper-clad roofs of the Glacier Wing clearly define the three levels of exhibition galleries in this view from the river's edge.

Dans cette photo prise au bord de la rivière, les toits cuivrés du Pavillon du Glacier permettent de distinguer clairement les trois niveaux réservés aux salles d'exposition.

From Parliament Hill, one can view the huge museum complex in its entirety, its flowing lines echoing those of the Gatineau Hills rising in the distance.

← On the river side of the site, bounded by the cafeteria terrace and the Grand Hall, is the Waterfall Court—a transitional area between structure and parkland, and a pleasant spot for a stroll in the summer sun.

De la Colline du Parlement, on peut voir en son entier l'immense complexe muséal dont les lignes gracieuses rappellent celles des collines de la Gatineau qui s'élèvent au loin.

← Borné par la terrasse de la cafétéria et la Grande Galerie, le Jardin des cascades se trouve du côté de la rivière. Il forme une zone de transition entre l'édifice et le parc et constitue un endroit agréable pour se promener l'été, par un temps ensoleillé.

The museum's site provides a magnificent view, across Laurier Park and the Ottawa River, towards a cityscape dominated by Parliament Hill but incorporating many other heritage buildings.

Situé au parc Laurier, au bord de l'Outaouais, le Musée offre une vue magnifique sur un paysage urbain dominé par la Colline du Parlement, et de nombreux autres édifices historiques.

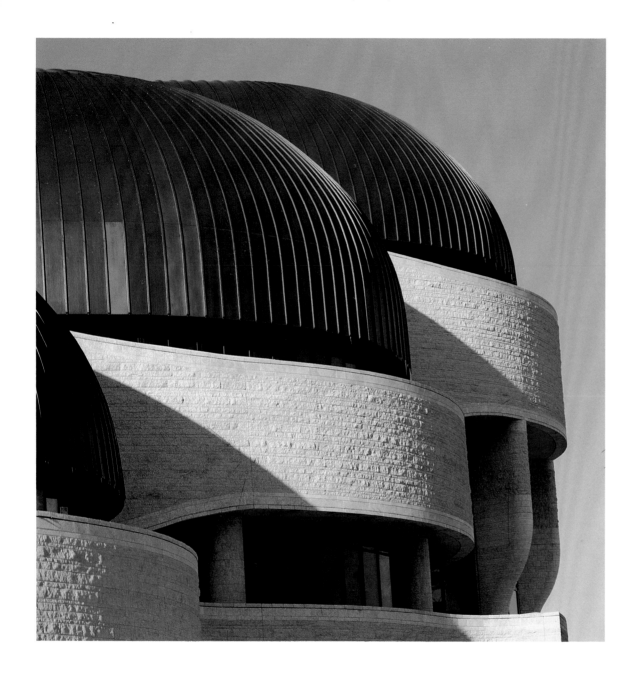

The building is characterized by its expanses of glass, the gigantic vaults and domes of the copper roofs, and the walls of Tyndall limestone quarried in Manitoba. Those who look closely will discover, in some of the stone blocks, fossils preserved there in past geological ages.

L'édifice se caractérise par ses verrières, les gigantesques vôutes et dômes en cuivre des toits, et les murs en pierre calcaire provenant de Tyndall au Manitoba. En regardant de près, on peut voir, dans certaines pierres, des fossiles qui y sont conservés depuis des millénaires.

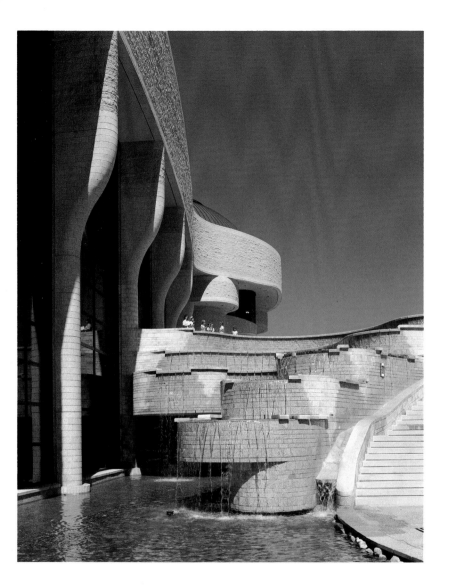

The architecture symbolizes Canada's landscape at the end of the Ice Age. Water cascading down stepped waterfalls, flowing along the edge of the Grand Hall, and finally finding its way to the river is a reminder of the streams created by glacial melt. The sweeping curves of the Canadian Shield Wing represent the rocky outcrops of the prehistoric landscape—eroded, smoothed, and undercut by those rushing streams.

L'architecture symbolise le paysage canadien à la fin de la période glaciaire. L'eau qui tombe des cascades en gradins, pour ensuite courir le long de la Grande Galerie et se jeter finalement dans la rivière, rappelle les cours d'eau créés par la fonte des glaciers. Les courbes majestueuses du Pavillon du Bouclier canadien représentent les affleurements rocheux du paysage préhistorique — érodé, adouci et creusé par ces cours d'eau impétueux.

The museum is destined to become as much a visual symbol of Canada as the venerable Chateau Laurier, whose towers and gargoyles are seen in the foreground.

Visuellement, le Musée est appelé à symboliser le Canada tout autant que le vénérable Château Laurier dont on aperçoit les tours et les gargouilles au premier plan.

←

The window wall of the Glacier Wing symbolizes the icy glacier itself, melting to reveal the land (the copper roofs).

←

La baie vitrée du Pavillon du Glacier symbolise le glacier qui fond et qui laisse apparaître la terre (les toits en cuivre).

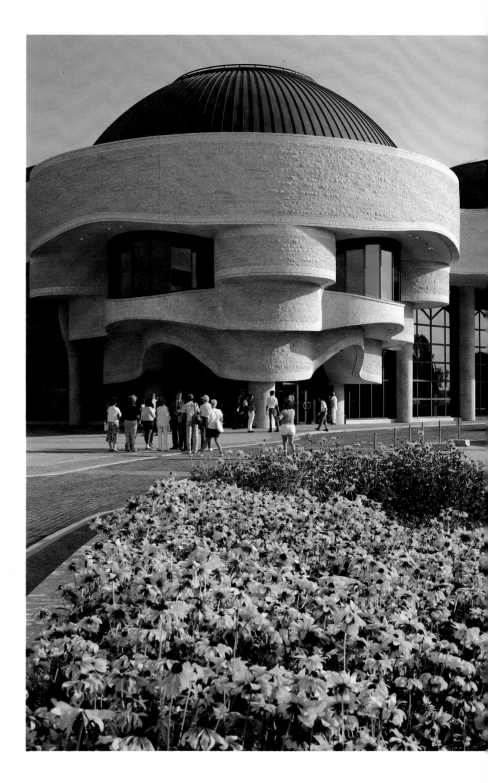

The ceremonial route that runs in front of the museum, its red-paved sidewalk lined with young trees, links the museum with many of the capital's cultural and heritage institutions.

Le parcours d'honneur qui passe devant le Musée, avec son trottoir en pavé rouge bordé de jeunes arbres, relie le Musée à de nombreux autres établissements culturels et édifices historiques de la capitale.

The main entrance has a mask-like appearance. Its "eyes" are the windows of the David M. Stewart Salon. Visitors enter the museum through the "mouth"—a symbolic passage from the world of the present to the world of the past.

L'entrée principale fait penser à un masque dont les « yeux » sont symbolisés par les fenêtres du Salon David M.-Stewart. Les visiteurs pénètrent dans le Musée par la « bouche », qui symbolise le passage du monde actuel au monde passé.

In this bird's-eye view, the museum has the look of a surrealistic sculpture carved into the landscape. Beyond are the bridge to Ottawa and the Hull marina.

Vu à vol d'oiseau, le Musée présente l'aspect d'une sculpture surréaliste taillée dans le paysage. On apperçoit à l'arrière-plan le pont conduisant à Ottawa et la marina de Hull.

The museum is a place of national celebration. It provides an unparalleled view of the fireworks that bring Canada Day to a close.

Le Musée est un lieu de festivités nationales. Il offre une vue incomparable du feu d'artifice qui couronne la Fête du Canada.

Cardinal's architectural style is characterized by sinuous, flowing lines. The naturalistic qualities of his creations make them at once provocative and restful.

Le style architectural de Cardinal se caractérise par des lignes fluides et sinueuses. Par leur aspect naturel, les créations de Cardinal sont à la fois fascinantes et apaisantes.

The Ottawa River and the Rideau Canal merge on the far shore, immediately opposite the museum. Both are popular with boaters, suggesting a pleasant, age-old method of arriving at this historic site.

The rectangular grids of the Grand Hall windows provide a counterpoint to the curved architectural forms of the Waterfall Court and Canadian Shield Wing beyond.

L'Outaouais et le canal Rideau se rencontrent sur la rive qui fait face au Musée. Ils permettent aux plaisanciers, très nombreux, d'approcher le Musée d'une façon agréable et de suivre le chemin emprunté autrefois pour se rendre en ces lieux historiques.

Les formes rectangulaires des fenêtres de la Grande Galerie fournissent un contrepoint aux formes architecturales arrondies du Jardin des cascades et du Pavillon du Bouclier canadien.

At the river end of the Grand Hall, a suspended staircase leads to the galleries on the upper levels. The crowning glory of this space is Chipewyan artist Alex Janvier's magnificent domed-ceiling painting *Morning Star,* a commission sponsored by Ralph and Roz Halbert of Toronto, Ontario.

Dans la Grande Galerie, du côté de la rivière, un escalier suspendu mène aux salles des niveaux supérieurs. *Étoile du matin,* œuvre gigantesque réalisée sur commande par l'artiste tchippewyan Alex Janvier, grâce à la générosité de Ralph et de Roz Halbert de Toronto (Ontario), domine cet espace.

From the upper lobbies at the river end, visitors can look down into the Grand Hall to re-orient themselves after emerging from the exhibition halls.

Les visiteurs peuvent regarder en bas dans la Grande Galerie depuis les foyers supérieurs du côté de la rivière, ce qui leur permet de se réorienter à la sortie des salles d'exposition.

Seen from outside at night, the Grand Hall looks like a giant display case, revealing the entire facade of the Pacific Coast native village. At dawn, sunlight streams into the canoe-shaped hall, causing the columns and grids of the window wall to cast criss-crossing shadows on the floor. The columns help to reduce the amount of natural light falling directly on the totem poles.

Vue de l'extérieur le soir, la Grande Galerie offre l'aspect d'une immense vitrine laissant voir la façade tout entière du village autochtone de la côte du Pacifique. À l'aube, lorsque le soleil pénètre à flots dans la Grande Galerie en forme de canot, les colonnes et les carreaux des immenses verrières projettent des ombres qui s'entrecroisent sur le plancher. Les colonnes aident à diminuer la quantité de lumière naturelle qui tombe sur les mâts totémiques.

Exhibitions   Expositions

People came from the oceans, up the rivers, and across the land. They came from diverse cultures all over the world, drawn to the beauty and bounty of this land. In this meeting of Old and New World cultures, both were changed. The vast expanse of the New World and the freedom and lifestyle of the indigenous peoples changed the agrarian thinking of the Old World. Pyramidal systems, structured for cooperation and order in the Old World, evolved powerful civilizations that manipulated and controlled the environment. These people shaped rivers into canals, constructed bridges and roads, moulded the landscape, and created structures born of their cultures' strength and beauty. With the aboriginal peoples they established the concept of this country.

Douglas Cardinal

A Haida canoe, crammed with a bewildering variety of paddlers and passengers, heads for the shoreline of the coastal village in the Grand Hall. The plaster cast of Bill Reid's The Spirit of Haida Gwaii, *which some see as an allegory of Canadian society, was acquired through the generosity of Maury and Mary Margaret Young of Vancouver, British Columbia.*

Des hommes ont franchi les océans, remonté le cours des fleuves et traversé le pays. Ces hommes, issus de différentes cultures, sont venus de partout dans le monde, attirés par la beauté et la générosité de ce pays. Les cultures de l'ancien monde et du Nouveau Monde se sont modifiées au contact de l'une et de l'autre. L'immensité du Nouveau Monde ainsi que la liberté et le mode de vie des Autochtones ont changé les traditions agraires de l'ancien monde. Des systèmes pyramidaux, visant à assurer l'ordre et la coopération dans l'ancien monde, ont permis d'édifier des civilisations puissantes qui exerçaient une domination sur la nature. Ces hommes ont transformé les rivières en canaux, construit des ponts et des routes, modifié le paysage et créé des structures inspirées de la force et de la beauté de leur culture. Avec les Autochtones, ils ont contribué à définir le concept de ce pays.

Douglas Cardinal

Un canot haïda, avec à son bord une ribambelle de pagayeurs et de passagers tous plus étonnants les uns que les autres, vogue vers le village côtier de la Grande Galerie. C'est grâce à la générosité de Maury et de Mary Margaret Young de Vancouver (Colombie-Britannique) que le Musée a pu faire l'acquisition du prototype en plâtre du bronze L'esprit de Haida Gwaii, *de Bill Reid, que certains considèrent comme une allégorie de la société canadienne.*

The six native houses in the Grand Hall are arranged in the form of a traditional village facing the sea, but each house represents the people of a particular region of the West Coast. Each reconstruction, based on a house that existed in the nineteenth century, was built by a team of people from the region represented by the house. The village provides the setting for the Museum to display items from its collection of the monumental art of the Northwest Coast cultures.

Les six maisons autochtones de la Grande Galerie forment un village traditionnel faisant face à la mer, mais chacune d'elles représente la population d'une région particulière de la côte Ouest. Chaque reconstitution, inspirée d'une maison du dix-neuvième siècle, a été réalisée par une équipe de la région en question. Le village permet au Musée d'exposer des pièces de sa collection d'objets d'art monumental des cultures de la côte Nord-Ouest.

This harpoon-holding figure from the Nuuchahnulth (Nootka) Pole shows the role of whale hunting in that culture. The pole was a gift from the Royal British Columbia Museum on the occasion of the opening of this museum.

Ce personnage du mât nuuchahnulth (nootka) qui tient un harpon témoigne de l'importance de la chasse à la baleine dans cette culture. Le mât a été offert par le Royal British Columbia Museum à l'occasion de l'inauguration du Musée.

The decorated prow of an ocean-going Haida canoe protrudes into one end of the Grand Hall. This canoe is one of the largest objects in the Museum's collections.

La proue décorée d'un canot de haute mer haida fait saillie à une extrémité de la Grande Galerie. Ce canot est l'un des plus gros objets dans les collections du Musée.

Visitors examining the Beaver House Post in the Grand Hall might almost imagine themselves on the Pacific Coast, in the Haida village where the carving originated.

Les visiteurs qui examinent le poteau de la Maison du castor dans la Grande Galerie peuvent presque s'imaginer sur la côte du Pacifique, dans le village haida où le mât a été sculpté.

This reconstruction of part of the interior of a house in Alert Bay, British Columbia, as it was in the 1930s is one of the exhibits inside the Kwakwak'awakw (Kwakiutl) house. The carved pole and cedar chest were heritage objects quietly preserved at a time when potlatches were illegal.

Cette reconstitution partielle de l'intérieur d'une maison d'Alert Bay (Colombie-Britanniques) dans les années trente est l'un des éléments d'exposition de la maison kwakwak'awakw (kwakiutl). Le mât sculpté et le coffre en cèdre étaient des biens patrimoniaux conservés en douce à une époque où la tenue de potlatchs était interdite par la loi.

Tsonoqua, a legendary wild woman of the forest, is the subject of a large feast dish carved by native artist Calvin Hunt. The photograph shows one of Tsonoqua's children peering into the belly of the reclining woman.

Tsonoqua, légendaire femme de la forêt, est le sujet d'un plat cérémoniel sculpté par l'artiste autochtone Calvin Hunt. La photographie montre l'un des enfants de Tsonoqua scrutant du regard le ventre de la mère allongée.

Renowned Haida artist Bill Reid's bronze-cast *Mythic Messengers* hangs on the balcony outside the restaurant. It symbolizes the lines of communication between humans and the mythic beings who gave them life and power. The original plaster-cast of Reid's bronze sculpture *Chief of the Undersea World* is the centrepiece of the David M. Stewart Salon, above the main entrance.

Le bronze *Messagers mythiques*, du célèbre artiste haida Bill Reid, est accroché au balcon du restaurant. Il symbolise les intermédiaires entre les humains et les êtres mythiques qui leur ont donné vie et force. Le moulage en plâtre original de la sculpture en bronze de Reid, *Chef du monde sous-marin*, est la pièce maîtresse du Salon David M.-Stewart.

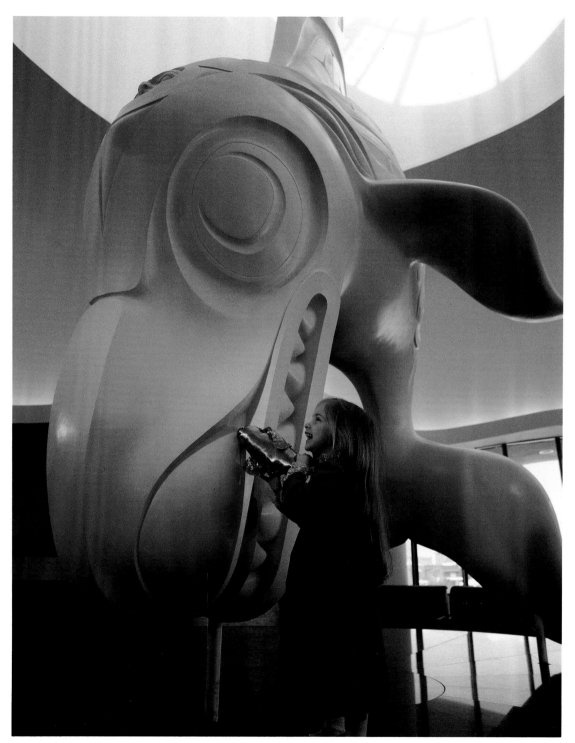

The Fine Crafts Gallery is dedicated to showing contemporary works of craft. Its inaugural exhibition, "Masters of the Crafts", presented creations of 10 of Canada's leading craftspeople, including (on the left) quilts by Monique Cliche Spénard: *The Heart of the Village* (1977), *Sugar Moulds* (1974) and *Wild Flowers* (1981). On the right are hand-crafted pieces from the exhibition "Opus: The Making of Musical Instruments in Canada".

La galerie des Métiers d'art est consacrée aux œuvres artisanales contemporaines. Les courtepointes *Le cœur du village* (1977), *Les moules à sucre* (1974) et *Fleurs sauvages* (1981) que l'on voit ici à gauche sont l'œuvre de Monique Cliche Spénard. Elles ont été présentées avec les créations des dix plus éminents artisans du Canada dans le cadre de l'exposition inaugurale « De main de maître ». À droite, on voit des instruments de musique fabriqués à la main qui faisaient partie de l'exposition « Opus – La facture instrumentale au Canada ».

Although each succeeding exhibition in the Cultural Traditions Gallery looks at a different ethnic group in Canada, all demonstrate the continuation of homeland traditions among Canadian ethnocultural communities. Shown here are elements from the exhibitions "Beyond the Golden Mountain: Chinese Cultural Traditions in Canada" (right) and "Just for Nice: German-Canadian Folk Art" (left).

Même si les expositions qui se succèdent dans la salle des Arts et Traditions populaires sont consacrées à la culture d'un groupe ethnique particulier du Canada, elles témoignent toutes du maintien des traditions de la patrie d'origine des communautés ethnoculturelles du Canada. On voit ici des éléments des expositions « Au delà de la Montagne d'or – La culture traditionnelle des Sino-Canadiens » (à droite) et « Un brin de fantaisie – Art populaire germano-canadien » (à gauche).

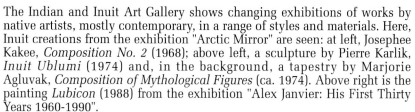

The Indian and Inuit Art Gallery shows changing exhibitions of works by native artists, mostly contemporary, in a range of styles and materials. Here, Inuit creations from the exhibition "Arctic Mirror" are seen: at left, Josephee Kakee, *Composition No. 2* (1968); above left, a sculpture by Pierre Karlik, *Inuit Ublumi* (1974) and, in the background, a tapestry by Marjorie Agluvak, *Composition of Mythological Figures* (ca. 1974). Above right is the painting *Lubicon* (1988) from the exhibition "Alex Janvier: His First Thirty Years 1960-1990".

La galerie d'Art amérindien et inuit accueille des expositions temporaires d'œuvres, pour la plupart contemporaines, réalisées par des artistes autochtones faisant appel à divers styles et matériaux. On voit ici des créations inuit faisant partie de l'exposition « Miroir de l'Arctique »: à gauche, *Composition n°2* (1968) de Josephee Kakee; en haut, à gauche une sculpture de Pierre Karlik intitulée *Inuit Ublumi* (1974) et, en arrière-plan, une tapisserie de Marjorie Agluvak, *Composition de personnages mythologiques* (v. 1974); en haut, à droite, *Lubicon* (1988) un tableau provenant de l'exposition « Alex Janvier – Les trente premières années, 1960-1990 ».

In the History Hall, the story of European exploration and settlement of Canada begins with the arrival of the Vikings. Using reproductions based on artifacts in Danish museums, this scene shows Norse voyagers unloading from their rowboat some casks, personal effects, and tools for constructing a shelter.

Dans la Salle d'histoire, le récit de l'exploration et de la colonisation du Canada par les Européens débute avec l'arrivée des Vikings. À l'aide de reproductions inspirées d'objets se trouvant dans des musées danois, cette scène montre des voyageurs scandinaves déchargeant de leur chaloupe des barils, des effets personnels et des outils pour se construire un abri.

Inside the hold of a sixteenth-century Basque whaling ship, a dying sailor's last will and testament is read aloud. Memories of his life at sea and his encounters with the New World are recounted in a series of audiovisual presentations.

Dans la cale d'un baleinier basque du seizième siècle, on lit à haute voix les dernières volontés d'un marin agonisant. Ses souvenirs de vie en mer et ses rencontres avec le Nouveau Monde sont racontés dans une série de présentations audiovisuelles.

Furnishings in this Acadian farmhouse of the early eighteenth century throw light on the living conditions of French settlers in the St. Lawrence Valley, and illustrate some of their typical tasks.

◄
Exhibit designer Rod Huggins puts finishing touches to the reconstruction of a tryworks whose remains were found on the Labrador coast. There Basque whalers rendered oil from blubber to take back to Europe.

Le mobilier de cette ferme acadienne du début du dix-huitième siècle met en lumière les conditions de vie des colons français dans la vallée du Saint-Laurent et illustre quelques-unes des tâches courantes auxquelles ils s'adonnaient.

◄
Le concepteur d'expositions Rod Huggins met la dernière main à la reconstitution d'un fondoir dont les vestiges ont été trouvés sur la côte du Labrador. Des pêcheurs de baleine basques y faisaient fondre du blanc de baleine pour en extraire l'huile qu'ils rapportaient en Europe.

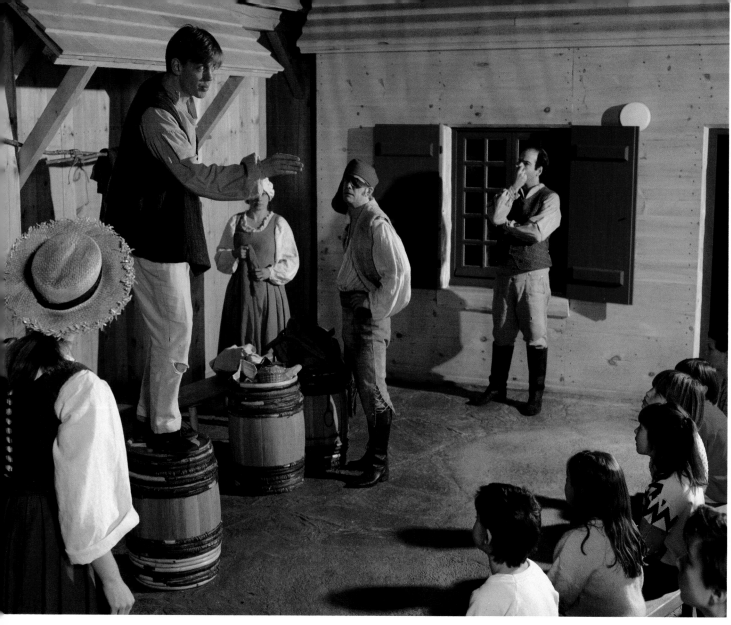

In this re-creation of a public square, such as might typically have been found in a walled town of New France, visitors pause to contemplate the activities that would have gone on there: market bartering, recruitment of soldiers and labourers, flirtations and gossip, celebrations and processions. Occasionally the Museum's theatre company brings the square to life with dramatizations based on historical persons and events.

Cette photo montre la reconstitution d'une grand-place qu'on aurait pu trouver dans une ville fortifiée de la Nouvelle-France. Les visiteurs peuvent y voir le genre d'activités qui s'y seraient déroulées : troc de biens, recrutement de soldats et d'ouvriers, amourettes et commérages, festivités et processions. De temps en temps, la troupe d'acteurs du Musée anime la grand-place au moyen de pièces de théâtre inspirés de personnages et d'événements historiques.

Careful attention is being paid to authenticity and detail in constructing and furnishing the period houses in the History Hall. Exhibits incorporate both original artifacts and accurate replicas. Replicas can be handled by visitors, giving them a truer sense of the life of the past.

→ A trader's canoe is pulled up on the shore of a lake, in front of a fur-trading post of the mid-eighteenth century. The wealth generated by the fur trade was a factor in drawing European settlement deeper into the Canadian interior.

La construction et l'ameublement des demeures d'époque dans la Salle d'histoire sont marqués par un souci du détail et de l'authenticité. Les éléments d'exposition contiennent des pièces originales et des répliques fidèles. Les visiteurs peuvent manipuler les répliques pour se faire une idée plus juste de la vie d'autrefois.

Le canot d'un commerçant est immobilisé sur la rive d'un lac, devant un poste de traite des fourrures du milieu du dix-huitième siècle. La richesse engendrée par le commerce des fourrures fut l'un des facteurs qui incita les colons européens à reculer les frontières du pays.

At the beginning of the nineteenth century, the timber industry succeeded the fur trade as the backbone of the economy. This logger's shanty shows the spartan accommodations of backwoodsmen in the Ottawa Valley. Throughout the History Hall, aspects of architectural history are revealed through the use of authentic materials and construction styles.

Au début du dix-neuvième siècle, l'industrie du bois d'œuvre remplaça le commerce des fourrures comme pivot de l'économie. Ce camp de bûcherons montre les installations rudimentaires des pionniers dans la vallée de l'Outaouais. La Salle d'histoire fait fond sur des matériaux et des styles de construction authentiques pour illustrer différents aspects de l'histoire de l'architecture.

→ As counterpoint to the shanty, a sawmill and stacked lumber speak of the importance of the sawn-lumber industry in the Ottawa Valley during the last half of the century. A video presentation outside the mill and exhibits inside describe aspects of the lives of the people of that time.

→ Fournissant un contrepoint au camp de bûcherons, une scierie et du bois de charpente empilé témoignent de l'importance de l'industrie du bois de sciage dans la vallée de l'Outaouais au cours de la seconde moitié du dix-neuvième siècle. Des éléments d'exposition à l'intérieur de la scierie et une présentation vidéo à l'extérieur permettent de montrer différents aspects de la vie à l'époque.

The Conestoga wagon, loaded with chests and bundles of household and personal belongings, was used by settlers who migrated to Upper Canada from the United States and various parts of Europe in the late-eighteenth and early-nineteenth centuries.

Chargé de coffres et de ballots d'effets personnels et d'articles de ménage, le chariot de type Conestoga était utilisé par les colons qui émigraient des États-Unis et de divers coins de l'Europe vers le Haut-Canada à la fin du dix-huitième et au début du dix-neuvième siècle

←
At a campsite of Métis bison hunters, a child pounds dried berries into a powder that will be mixed with bison meat to make pemmican, supplies of which have been loaded onto the Red River cart. The bison-hunting expeditions shaped a distinctive Métis society with a strong sense of identity.

←
Dans un campement de chasseurs métis, un enfant réduit en poudre des baies séchées qui seront mélangées à de la chair de bison pour faire du pemmican, dont des provisions ont été chargées sur une charrette dite de la rivière Rouge. Les expéditions de chasse au bison ont aidé les Métis à se développer en une société bien distincte.

The ornate living room of a prosperous Ontario merchant of the 1880s contrasts strongly with the History Hall's Acadian farmhouse of 150 years earlier.

A streetscape of a typical Ontario town of the 1880s represents urbanization in a time of relative prosperity. Commerce flourished, leading to improved public services such as street lighting and sidewalks. Performances by the Museum's theatre company convey the concerns, opinions and attitudes of the townspeople.

Ce salon richement décoré d'un marchand prospère de l'Ontario des années 1880 contraste vivement avec la maison de ferme acadienne de la Salle d'histoire, qui date de 150 ans plus tôt.

Un paysage urbain d'une ville typique de l'Ontario des années 1880 met en lumière l'urbanisation à une époque relativement prospère. Le commerce étant florissant, on pouvait offrir des services publics améliorés tels l'éclairage des rues et des trottoirs. Les spectacles de la troupe de théâtre du Musée reflètent les préoccupations, les opinions et les attitudes des citadins de cette époque.

The upper floor of the History Hall is used for temporary exhibits like this one, showing selected objects from the Museum's historical collections. Note the Dionne Quintuplet dolls and the Victorian Crazy Quilt.

L'étage supérieur de la Salle d'histoire accueille des expositions temporaires comme celle-ci qui montre des objets choisis parmi les collections historiques du Musée. Remarquez les poupées représentant les quintuplées Dionne et la courtepointe victorienne en pointe-folle.

Proud possession of the Museum, this astrolabe may be the one that helped Samuel de Champlain to find his way through the Ottawa Valley on his voyage of 1613. Whether his or not, the astrolabe is considered a symbol of early European exploration in Canada and so has a special display location, in the David M. Stewart Salon.

Cet astrolabe, que le Musée est fier de posséder, est peut-être celui qui a aidé Samuel de Champlain à s'orienter dans la vallée de l'Outaouais à l'occasion de son voyage de 1613. Quoi qu'il en soit, cet objet est considéré comme un symbole des premiers voyages d'exploration faits par les Européens au Canada. C'est la raison pour laquelle il est exposé dans un endroit de choix, le Salon David M.-Stewart.

In the Children's Museum the "Focus on Culture" area allows hands-on contact with elements of different cultures around the world. An exhibit on the Inuit enables children to learn about that culture through role-playing or through an interactive video programme.

Au Musée des enfants, l'aire « Pleins feux sur la culture » permet un contact réel avec des éléments de différentes cultures de par le monde. Les enfants peuvent se familiariser avec celle des Inuit grâce à une petite exposition permettant le jeu de rôles et à un programme vidéo interactif.

The mission of the Children's Museum is to broaden young visitors' experiences of their own and other cultures. A main attraction is the colourfully decorated bus from Pakistan. Children can board it and play the role of driver or passenger, while a soundtrack gives an imaginary tour of different countries.

When weather permits, the Children's Museum expands into Tower Park, an enclosed outdoor space with a variety of play areas and exhibits.

Le Musée des enfants a pour mission de permettre aux jeunes visiteurs d'apprendre à mieux connaître leur propre culture et celle d'autres groupes. L'une des principales attractions est le pittoresque autocar pakistanais. Les enfants peuvent y monter et jouer au conducteur ou au passager, pendant qu'une bande sonore les convie à une tournée imaginaire de différents pays.

Lorsque le temps le permet, le Musée des enfants étend ses activités au parc de la Tour, espace clos en plein air comportant des aires de jeu et divers éléments d'exposition.

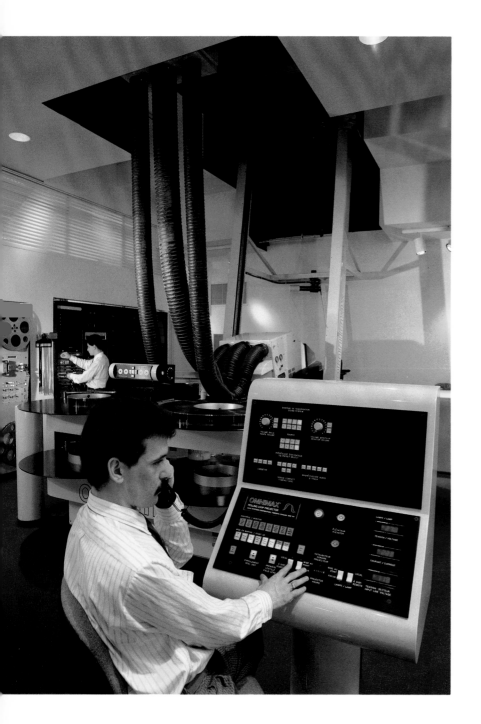

The museum has the world's first combined Imax and Omnimax theatre. Its massive, dome-shaped Omnimax screen is 23 metres across, and images on it fill the viewer's entire field of vision. The projection room has a glass wall to allow visitors to watch the operation of the equipment, developed in Canada. As the scene on the right from "Fires of Kuwait" illustrates, the giant-screen films are breathtakingly realistic.

Le Musée possède le premier cinéma Imax-Omnimax au monde. Son immense écran en coupole, de 23 mètres de diamètre, et les images qui y sont projetées remplissent complètement le champ de vision du spectateur. La salle de projection comporte une baie vitrée pour que les visiteurs puissent observer le fonctionnement du matériel mis au point au Canada. La scène à droite, extraite du film *Les feux de Koweït,* montre à quel point les films projetés sur écran géant sont d'un réalisme brutal.

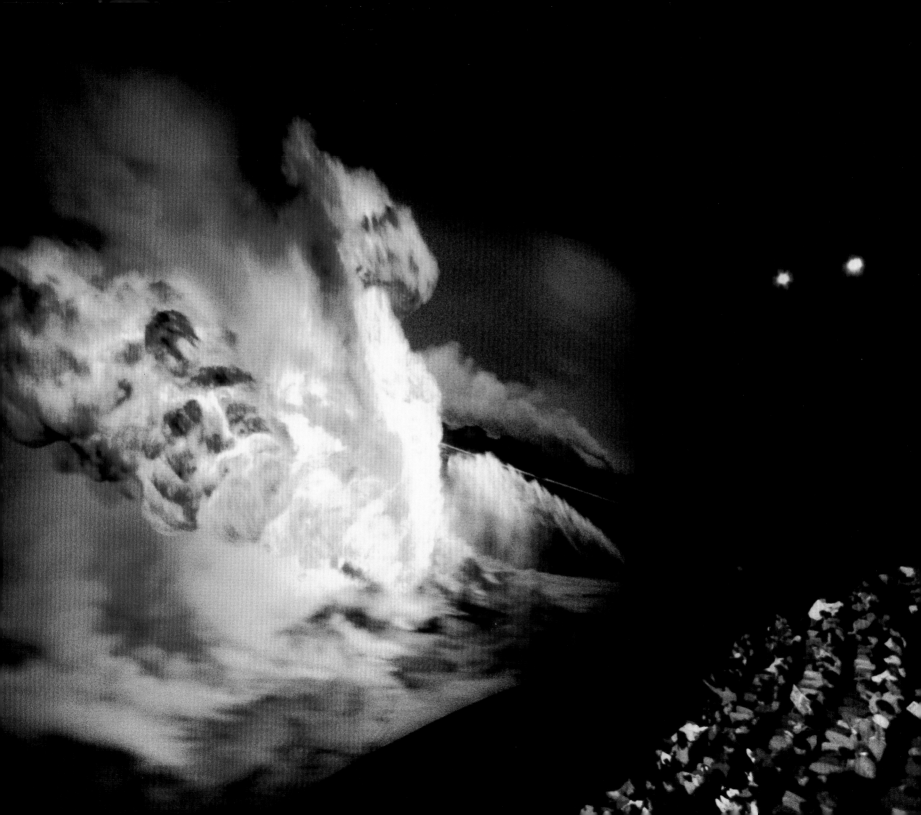

People

Les gens

Creativity has the appearance of chaos. But we have mastery in the creativity, in the dance with chaos. We are creating in this milieu of chaos. Chaos and creativity are part of existence. Our power lies in how we see chaos — we do not resist it. We do not view chaos as out of place; its presence is in the natural order of things. We see chaos as an opportunity. We deal with the unexpected as an ally, not an enemy. As leaders we are directing people and their roles in this dance. An incredible power rests in the potential energy of the players. We surface, magnify and reveal this energy. We encourage each individual to realize his potential, and we create an environment to make that happen.

Douglas Cardinal

La créativité s'apparente au chaos. Mais nous maîtrisons la créativité, nous dansons avec le chaos. Nous créons dans le chaos. Le chaos et la créativité font partie intégrante de l'existence. Notre force se trouve dans notre façon de considérer le chaos — nous ne lui opposons aucune résistance. Nous ne jugeons pas le chaos inopportun; sa présence est dans l'ordre normal des choses. Nous considérons le chaos comme une chance. Pour nous, l'imprévu est un allié et non un ennemi. En tant que chefs, nous dirigeons le peuple et réglons le rôle qu'il joue dans la danse. L'énergie potentielle des danseurs recèle une force incroyable. Nous laissons cette énergie faire surface, la laissons grandir et se manifester. Nous encourageons chaque personne à donner toute sa mesure et créons les conditions nécessaires.

Douglas Cardinal

Dr. George MacDonald, Director of the Museum, is an expert on the native cultures of the Northwest Coast. He has received from the Gitksan people of the Upper Skeena River the ceremonial use of the title "Chief Smiling Face of the Great Grizzly Bear" and the related crest-bearing costume that he is seen wearing here, in the Grand Hall.

M. George F. MacDonald, directeur du Musée, est un spécialiste des cultures autochtones de la côte Nord-Ouest. Les Gitksans du cours supérieur de la rivière Skeena lui ont conféré le titre honorifique de « Chef au visage souriant du grand ours brun » et lui ont fait don du costume orné de l'emblème correspondant à ce titre. On le voit ici dans la Grande Galerie paré de ce costume.

In summer, performances on the Waterfront Stage highlight cultures from around the world. The tipis, used for storytelling sessions, are replicas of a few of the painted tipis made by Plains Indians in the nineteenth century.

← The Waterfall Court provides a magnificent setting for outdoor performances. The group performing here is the Gitlaxt'aamiks Ceremonial Dancers of the Nisga'a (Niska) tribe of British Columbia.

En été, les spectacles présentés sur la scène riveraine mettent en honneur différentes cultures de par le monde. Les tipis, où l'on raconte des contes et légendes, sont des répliques de certains tipis fabriqués au dix-neuvième siècle par les Amérindiens des plaines.

← Le Jardin des cascades offre un cadre magnifique pour les spectacles en plein air. Nous voyons ici une représentation par les Gitlaxt'aamiks Ceremonial Dancers de la tribu des Nisga'a (Niskas) de Colombie-Britannique.

A wide variety of performances are presented through the Museum's special events programmes, from the traditional dances of Canada's First Peoples to jazz concerts.

Dans le cadre de ses programmes de manifestations spéciales, le Musée présente des spectacles très variés, depuis les danses traditionnelles des Premières Nations jusqu'aux concerts de jazz.

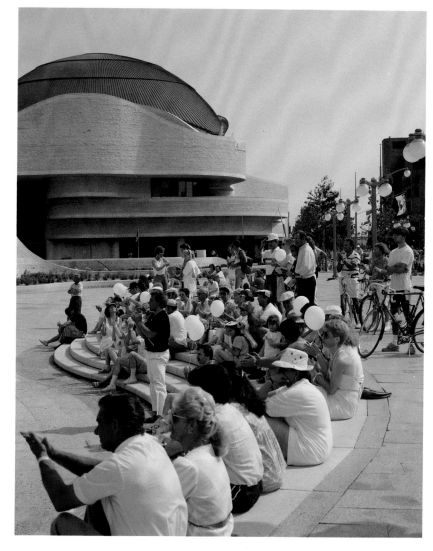

The entrance plaza is a lively place in summer, with a range of light programming for visitors and passers-by. Steps along the Laurier Street frontage double as seating for audiences. Giant puppets are a form of entertainment that delight children and adults alike. They, and other expressions of popular culture, are an important part of our heritage.

L'esplanade est un lieu animé en été, divers programmes légers étant offerts aux visiteurs et aux passants. L'escalier qui serpente le devant de la rue Laurier sert également à accueillir les spectateurs. Les marionnettes géantes font les délices des enfants comme des adultes. À l'instar d'autres formes d'expression de la culture populaire, elles constituent un élément important de notre patrimoine.

Children enjoy the thrill of discovery on realizing that there are figures subtly carved into this whalebone sculpture, entitled *Transformation* (ca. 1972), by the Inuit artist Laimekee Kakee.

Ces enfants découvrent avec plaisir les figures finement sculptées dans cet os de baleine. Cette sculpture de l'artiste inuit Laimekee Kakee s'intitule *Transformation* (v. 1972).

← The Grand Hall serves many purposes, as this and the following pages illustrate. It is a gathering space and part of the main circulation route through the museum.

← La Grande Galerie remplit diverses fonctions, comme en témoignent les pages qui suivent. Elle sert notamment de lieu de rencontre et de principale voie de circulation du Musée.

An exhibition in the Grand Hall allows visitors close contact with elements of the cultural heritage of some of the Northwest Coast Indians.

La Grande Galerie abrite une exposition qui permet aux visiteurs d'être en contact direct avec des éléments du patrimoine culturel des Amérindiens de la côte Nord-Ouest du Canada.

And the Grand Hall serves as a performance area. Here the Museum's theatre company presents a piece on the history of dance forms.

La Grande Galerie sert également de salle de spectacle. La troupe de théâtre du Musée y présente ici une pièce sur les différentes formes de danse.

←
The Grand Hall is occasionally used for special social occasions, such as the Director's Dinner for the Friends of the Museum. Like some other spaces in the museum, it may be rented for private functions.

←
De temps en temps, des événements spéciaux ont lieu dans la Grande Galerie, comme le dîner du directeur pour les Amis du Musée. Le public peut louer la galerie, comme d'autres aires du Musée, pour des réceptions privées.

Demonstrations and workshops provide opportunities for visitors to see craftspeople in action, working in accordance with traditional techniques. Through personal participation, visitors can acquire a better understanding of the past and how knowledge passes from generation to generation.

Les démonstrations et les ateliers permettent aux visiteurs de voir à l'œuvre les artisans et ouvriers travaillant selon des méthodes traditionnelles. En participant personnellement, les visiteurs peuvent acquérir une meilleure connaissance de la vie d'autrefois et apprendre comment le savoir-faire est transmis de génération en génération.

The main lobby is often a hive of activity. It had to be large enough to accommodate reception and information services, the line-ups that occur during peak seasons, traffic between various attractions in the museum, and rest areas for visitors.

L'entrée principale est souvent bourdonnante d'activité. Elle devait être suffisamment grande pour recevoir les services d'accueil et d'information, les files qui se forment durant la pleine saison, les gens qui vont et viennent entre les différents centres d'intérêt du Musée et les aires de repos pour les visiteurs.

A volunteer wearing the signature red scarf shows children a dance associated with the potlatch ceremony of the Northwest Coast Indians. The museum has educational programmes for groups, on a variety of themes.

Une bénévole arborant le foulard rouge distinctif montre aux enfants une danse associée au potlatch des Amérindiens de la côte Nord-Ouest. Le Musée offre aux groupes des programmes éducatifs sur divers sujets.

The Children's Museum offers many opportunities for participation. Here youngsters learn about aspects of daily life in a Mexican-Indian village by making tortillas from corn they have bought at the village's general store.

Le Musée des enfants offre de nombreuses possibilités de participation. Des jeunes se familiarisent ici avec divers aspects de la vie quotidienne dans un village indien du Mexique en préparant des tortillas avec du maïs qu'ils ont acheté au magasin général du village.

Live interpretation is one way of communicating to visitors more information about the past. Costumed interpreters might be encountered anywhere in the History Hall, as here, guarding the gateway to a walled eighteenth-century town . . . or playing a game of cards, after the evening meal, in a tavern based on a building in Louisbourg, Nova Scotia.

L'animation permet de communiquer aux visiteurs un complément d'information sur le passé. On peut rencontrer un peu partout dans la Salle d'histoire des animateurs costumés, comme ceux-ci qui sont postés à l'entrée d'une ville fortifiée du dix-huitième siècle . . . ou qui jouent une partie de cartes, après le repas du soir, à une taverne inspirée d'un bâtiment ayant déjà existé à Louisbourg (Nouvelle-Écosse).

Exploration Carts, a resource used by docents, contain objects that visitors can remove for closer examination. Each mobile cabinet has a theme linking it with museum exhibits, in this case the Chinese-Canadian exhibition "Beyond the Golden Mountain".

Les chariots de découverte, qui sont utilisés par les guides-animateurs, contiennent des objets que les visiteurs peuvent toucher et examiner de près. Chacun de ces chariots permet d'aborder un sujet lié aux expositions du Musée. Dans ce cas-ci, il s'agit de l'exposition sino-canadienne « Au delà de la Montagne d'or ».

→ Live interpretation may also take the form of scripted dramatizations, such as this one in which the wife of a nineteenth-century logger talks about her life, with its joys, sorrows and hardships.

→ L'animation peut également prendre la forme de courtes dramatiques, comme celle-ci où la femme d'un bûcheron du dix-neuvième siècle raconte sa vie, avec ses joies, ses peines et ses épreuves.